3 1994 01313 6467

4/04

D0583528

READING POWER
En Español

El transporte ayer y hoy

Motocicletas del pasado

Mark Beyer

J SP 629.2275 BEY
Beyer, Mark
Motocicletas del pasado

$17.25
CENTRAL   31994013136467

The Rosen Publishing Group's
Editorial Buenas Letras™
New York

Published in 2003 by The Rosen Publishing Group, Inc.
29 East 21st Street, New York, NY 10010

Copyright © 2003 byThe Rosen Publishing Group, Inc.

All rights reserved. No part of this book may be reproduced in any form
without permission in writing from the publisher, except by a reviewer.

First Edition in Spanish 2003
First Edition in English 2002

Book Design: Christopher Logan

Photo Credits: Cover, 6, 17 © The Image Works; pp. 4–5, 7 © Jack
Fields/Corbis; pp. 8–9, 10, 14–15, 20 © Image Bank; p. 11 © Minnesota
Historical Society/Corbis; pp.12–13 © Bettmann/Corbis; pp. 18–19
© Superstock; p. 21 (top) © Negri, Brescia/Corbis; p. 21 (bottom) © Temp
Sport/Corbis

Beyer, Mark.
    Motocicletas del pasado / por Mark Beyer; traducción al español:
Spanish Educational Publishing
    p. cm. — (El transporte ayer y hoy)
    Includes bibliographical references and index.
    ISBN 0-8239-6854-5 (library binding)
    1. Motorcycles—History—Juvenile literature. [1.
Motorcycles—History. 2. Spanish Language Materials.] I. Title.

    TL412 .B4824 2001
    629.227'5'09—dc21
                                    2001000647

Manufactured in the United States of America

Contenido

Las primeras motocicletas

La primera motocicleta se inventó en 1885. Ésta es una moto de 1901.

Las primeras motocicletas
eran bicicletas con motor.

Mejores motocicletas

Con el paso del tiempo se hicieron muchas mejoras a las motocicletas. Les pusieron cuadros de metal y llantas gruesas.

Motocicleta de 1911

Cuadro fuerte de metal

Las motocicletas con llantas gruesas se volcaban menos. Les pusieron amortiguadores para que no dieran tantos saltos.

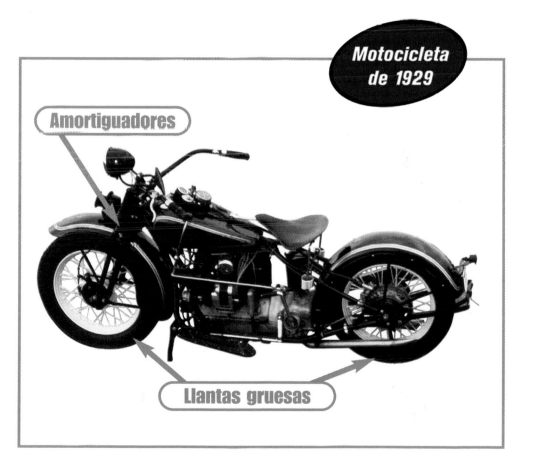

Motocicleta de 1929

Amortiguadores

Llantas gruesas

Las nuevas motocicletas eran
más grandes y más largas.
Tenían una cadena para mover
la rueda de atrás. El manubrio era
más bajo y más fácil de manejar.

Manubrio

Guardabarros

Las ruedas tenían guardabarros
para que el piloto no se ensuciara.

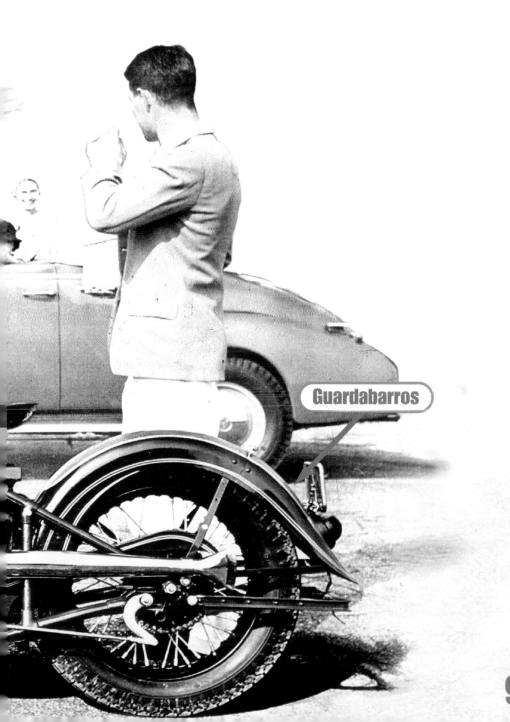

Guardabarros

Las motocicletas con faros se podían manejar de noche.

Unas motocicletas también tenían
un sidecar para llevar pasajeros.

Sidecar

Gracias a esos cambios, las motos podían recorrer más distancia. Estos motociclistas hicieron un viaje de ida y vuelta de la capital a San Francisco.

Policía motorizada

La policía empezó a usar motocicletas.
Las motocicletas de la policía tenían
motor grande y freno delantero.
Eran más fáciles de manejar.

Motor grande

Freno delantero

Estos agentes patrullaban las calles en motocicleta.

Motocicletas rápidas

En los años 1930 una motocicleta podía correr a 174 millas (280 km) por hora. Las carreras de motocicletas eran un deporte muy popular.

Motocicleta de 1934

También se montaba en motocicleta por diversión. Esta moto sube una montaña. Las motocicletas podían ir a donde no iban los carros.

Las motocicletas y el trabajo

En los años 1940 se iba al trabajo en motocicleta. Los motociclistas viajaban en ropa de trabajo. Las motos usan menos gasolina que los carros.

Motociclista de 1940

¡Las motocicletas han cambiado
mucho en 100 años!

VIEJA

NUEVA

Glosario

amortiguadores (los) piezas que reducen el impacto de la motocicleta al pasar sobre piedras o huecos

cadena (la) pieza que conecta el motor y la rueda de atrás para que la motocicleta se mueva

cuadro (el) marco o armazón de metal de la motocicleta

freno (el) mecanismo que reduce la velocidad de una motocicleta hasta que para

guardabarros (el) pedazo de metal curvo que cubre parte de las ruedas para que el agua no salpique al motociclista

manubrio (el) manillar, barra de metal con que se maneja la motocicleta

motor (el) máquina que da potencia a otras máquinas

sidecar (el) asiento con capota sobre ruedas que va pegado a una motocicleta

Recursos

Libros

Amazing Bikes
Trevor Lord y Peter Downs
Alfred A. Knopf Publishing (1992)

Classic Motorcycles: 24 Full-Color Cards
John Batchelor
Dover Publications (1999)

Sitios web

Debido a las constantes modificaciones en los sitios de Internet, PowerKids Press ha desarrollado una guía on-line de sitios relacionados al tema de este libro. Nuestro sitio web se actualiza constantemente. Por favor utiliza la siguiente dirección para consultar la lista:

www.buenasletraslinks.com/tah/motosp/

Índice

Número de palabras: 259

Nota para bibliotecarios, maestros y padres de familia

Si leer es un reto, ¡Reading Power en español es la solución! Reading Power es ideal para lectores hispanoparlantes que buscan un nivel de lectura accesible en su propio idioma. Ilustrados con fotografías, estos libros presentan la información de manera atractiva y utilizan un vocabulario sencillo que tiene en cuenta las diferencias lingüísticas entre los lectores hispanos. Relacionando claramente texto con imágenes, los libros de Reading Power dan al lector todo el control. Ahora los lectores cuentan con el poder para obtener la información y la experiencia que necesitan en un ameno formato completamente ¡en español!

Note to Librarians, Teachers, and Parents

If reading is a challenge, Reading Power is a solution! Reading Power is perfect for readers who want high-interest subject matter at an accessible reading level. These fact-filled, photo-illustrated books are designed for readers who want straightforward vocabulary, engaging topics, and a manageable reading experience. With clear picture/text correspondence, leveled Reading Power books put the reader in charge. Now readers have the power to get the information they want and the skills they need in a user-friendly format.